ÉTUDES CONTEMPORAINES.

M. ROUX-FERRAND.

HISTOIRE

DES

PROGRÈS DE LA CIVILISATION

EN EUROPE,

DEPUIS L'ÈRE CHRÉTIENNE JUSQU'AU XIXe SIÈCLE.

(Extrait de la *Bibliothèque de Genève.*)

IMPRIMERIE DE E. DUVERGER,
RUE DE VERNEUIL, N° 4

ÉTUDES CONTEMPORAINES.

I.

L'activité et la suite avec lesquelles M. Roux-Ferrand
poursuit son honorable et utile entreprise, nous paraissent
mériter une mention particulière. D'ailleurs, le sujet des
travaux de M. Roux-Ferrand nous intéresse, puisqu'il
touche de près à la partie de la science qui, depuis quelques années, a reçu la plus puissante impulsion : l'histoire
est aujourd'hui l'aliment nécessaire de toutes les classes
de la société, et l'espèce d'histoire dont s'occupe l'auteur
a, par l'originalité de ses points de vue, de quoi satisfaire
amplement aux exigences des hommes instruits. Quoique
le compte-rendu de cet ouvrage ne rentre pas absolument
dans le cadre habituel de nos études, différents motifs nous
engagent à nous charger pour aujourd'hui de cette tâche.
En premier lieu, ce livre, comme d'autres également sérieux, nous a semblé quelque peu négligé par la presse
quotidienne ; ensuite la tournure nouvelle de cet ouvrage,
la manière dont l'auteur y envisage l'histoire générale, les
chapitres qu'il consacre à l'histoire, abrégée il est vrai, des
doctrines de philosophie qu'il rencontre sur sa route, le

1843

font rentrer dans le cadre des études philosophiques. Le mouvement intellectuel, en France particulièrement, tel est le but de tous nos travaux; et sous ce rapport, le tableau du moyen-âge, présenté par M. Roux-Ferrand, réclame notre attention par des innovations heureuses et les riches matériaux qu'il renferme.

Avant d'entrer en matière, rappelons brièvement quelques-uns des titres de l'auteur dans la carrière des travaux historiques. Ce sont, en premier lieu, une courte et substantielle *Histoire de France* racontée aux enfants : ce petit livre ne doit pas être confondu avec une foule d'autres du même genre ; il expose les faits avec clarté et rapidité; il est simple et convient parfaitement à l'éducation de la jeunesse. L'*Histoire abrégée des inventions et découvertes* est renfermée dans un cadre semblable, et traitée avec le même soin. Citons donc ces deux petits livres comme des œuvres légères, il est vrai, mais dont le mérite ne doit pas être indifférent aux vrais amis du progrès ; car combien l'éducation et l'instruction de la jeunesse n'influent-elles pas sur celles de toute la société actuelle?

L'*Histoire des progrès de la civilisation*, commencée en 1832, est le résultat d'un cours professé à Nîmes à cette même époque. L'auteur nous a donné, dans son premier volume, le début de ses leçons; il nous apprend que cet enseignement fut ensuite abandonné; nous pouvons penser que ses élèves y perdirent, mais nous croyons que le public en masse y gagnera par la forme nouvelle de l'ouvrage, qui, dégagé de la division un peu pédantesque et professorale des leçons, acquiert ainsi la forme plus réellement méthodique d'un livre. M. Roux-Ferrand y développe la manière toute moderne d'envisager l'histoire,

dont nous avons essayé de donner une idée, en traitant
ailleurs les œuvres de **M.** Michelet[1] ; ce système qui a
succédé à la chronique un peu sèche du moyen-âge, à la
narration emphatique du xviiie siècle, mêle ensemble le
récit, la critique et les réflexions qu'elle suggère à l'esprit.
Ce système, entaché de quelques inconvénients, possède
néanmoins beaucoup d'avantages ; l'auteur entreprend
d'en donner lui-même une idée dans le discours d'introduc-
tion, où il expose le plan et le but du cours tout entier ;
nous lui empruntons ses propres paroles :

« L'histoire de ce qu'on nomme la civilisation n'est pas
seulement dans le récit des faits ; elle n'est pas dans le développement de l'état des arts, des sciences, de l'industrie
ou des lettres ; elle n'est pas dans l'état des mœurs d'une
nation ou d'une époque : l'histoire de la civilisation est
l'ensemble de toutes ces choses ; elle les comporte toutes ;
l'univers physique et moral est de son domaine ; la plus
modeste analyse du chimiste, l'observation la plus simple
du naturaliste ne doivent pas plus être oubliées que les
sanglantes victoires des conquérants, par l'historien de la
civilisation, si elles ont fait avancer d'un pas la science et
l'industrie.

« Le christianisme, et j'aurai souvent l'occasion d'en
donner les preuves, est dans l'histoire du monde l'événe-
ment le plus important, considéré dans sa source et son influence sur le bonheur des peuples ; il a modifié leur caractère et créé en Europe des hommes tout différents des
anciens ; il a donné le premier exemple d'un gouverne-

(1) Voyez *Etudes sur les œuvres de M. Michelet, Bib Univ.*, janvier
et février 1838 (vol. XIII).

ment libre et a ouvert aux nations une nouvelle existence.

« Ces raisons étaient déjà assez puissantes pour m'engager à faire de cette immense révélation le point de départ de mon cours ; mais j'en avais une autre encore. Sans partager le doute éternel du Vieillard de Ferney sur tout ce qui est ancien, je crois que l'histoire prend, depuis le Christ, un intérêt qu'elle était loin d'avoir avant, soit à cause de l'incertitude des faits, soit parce que le paganisme renversé nous touche infiniment moins que le christianisme répandu sur la surface du globe.

« Ce qui m'a engagé à traiter l'histoire générale d'Europe, plutôt que telle ou telle autre en particulier, c'est que, depuis l'ère chrétienne, elles sont toutes liées ensemble ; leurs rapports sont plus intimes qu'autrefois ; il y a plus de généralités que dans l'histoire d'Athènes, de Sparte ou de Rome. On ne peut les séparer sans de graves inconvénients, qui n'existent plus si on réunit les événements autour d'un centre commun qui les rattache par l'intérêt, la majesté ou la force des choses.

« L'empire romain est nécessairement celui des premiers siècles ; Constantinople, quoique déchue, lui succède ; et si le chaos de la conquête des Barbares n'en admet pas [1], Charlemagne, l'autorité de Rome chrétienne, les croisades, les guerres de religion, etc., etc., impriment à leur

---

(1) Il y a là, ce nous semble, quelque obscurité dans la rédaction de M. Roux-Ferrand ; elle aura certainement échappé à l'improvisation. L'auteur veut, sans doute, dire que le chaos de la conquête des Barbares n'admet pas de centre commun autour duquel se réunissent les événements ; nous le prions de nous pardonner cette remarque. Dans une seconde édition, il fera sans doute disparaître quelques négligences semblables dont son excellent livre n'est pas exempt.

siècle un caractère original et profond. Que s'il m'arrivait parfois de prendre la France pour pivot dans les événements de l'Europe, on doit le pardonner à un Français ; et, dans le fait, ne l'a-t-elle pas été souvent ?

« La France, a-t-on dit avec raison, la France a gouverné l'Europe quand il n'y avait plus en Europe un seul gouvernement qui ne fût au berceau, l'empire de Constantinople excepté.

« Dès ce temps, il lui a été donné d'attacher les destinées des peuples à ses idées de guerre, de gloire, de politique et d'administration. L'origine des lois, des coutumes, des arts, l'ancien droit public de vingt nations est là depuis huit ou dix siècles. C'est dire : l'histoire de la France a été dès lors, pour vingt nations, une histoire nationale.

« Les abrégés d'histoire ont besoin d'une idée fondamentale, dominante, sans laquelle ils n'auraient qu'une médiocre utilité. Il est impossible de tout dire, de tout peindre dans un résumé qui ne comporte pas de développements ; d'un autre côté, l'étude spéciale d'une branche de connaissances ne peut s'isoler des événements qui l'ont modifiée ; il faut donc prendre un terme moyen : tout faire marcher ensemble, mais non dans les mêmes proportions. Que celui qui a fait une étude particulière des sciences, des lettres ou de l'industrie, écrive l'histoire avec le but spécial d'en connaître la source et d'en suivre le cours ; que le jurisconsulte y cherche l'origine des lois, des institutions et leur influence sur les mœurs, et que l'homme d'état s'instruise des institutions politiques, des guerres ou des traités qui ont changé la face du globe. Le résumé ainsi conçu présentera souvent plus d'utilité que de grands ouvrages où le fruit de l'étude se perd en se disséminant.

« Les progrès de la civilisation, sans être notre but uni-
que, sont cependant le point de vue vers lequel nos observations se tournent le plus souvent. Et quel sujet plus
grand, plus intéressant, pourrions-nous choisir, que celui
de ces progrès toujours croissants, dans le développement
de la société, dans le bonheur des nations et des indivi-
dus ? »

Ce fragment peut suffire à montrer la route nouvelle
dans laquelle s'est engagé M. Roux-Ferrand ; il a voulu,
avant toutes choses, séduire son lecteur par l'attrait de la
variété et du mouvement ; il y a là une excellente inten-
tion, qui a été remplie avec succès par l'auteur. Il a su,
dans le premier volume, suivre et développer l'histoire entière du monde, durant les premiers siècles de l'ère chrétienne, à partir de l'avénement de Jésus-Christ ; et dans
un lumineux résumé, il a mis au jour l'esprit de la civilisation chrétienne, dont il a fait ressortir l'influence immense
sur le moyen-âge.

Dans le second volume, M. Roux-Ferrand reproduit
l'esquisse du plan général, auquel il doit s'attacher dans
les époques subséquentes de son cours[1]. Les trois premières
leçons, la treizième, la quatorzième et la quinzième, sont
consacrées au tableau de l'Europe, depuis le ve jusqu'au
viiie siècle, car il faut connaître la série chronologique des
faits avant d'entrer dans la discussion de leur valeur philosophique. La seizième et la dix-septième exposent l'état
des consciences, lors des premiers débuts de l'église chré-

____

(1) Dans ce volume, M. Roux-Ferrand suit encore l'ordre des leçons ;
nous avons soin de les indiquer jusqu'au troisième, où commence la division par chapitres.

tienne ; ils montrent l'influence exercée, dès l'abord, par la nouvelle croyance, qui avait déjà changé la face des peuples, mais qui rencontrait encore, en maint endroit, des traces de barbarie à détruire. Ces deux leçons peignent les effets de la religion de Jésus-Christ sur la civilisation du monde, les hérésies, les conciles. Ces faits y sont présentés en forme de résumé, succinct il est vrai, mais que le plan de cette histoire commandait impérieusement.

M. Roux-Ferrand s'attache beaucoup à l'étude du christianisme ; il pense, nourri comme il l'est de lectures solides, élevé à l'école des Sismondi, des Châteaubriand, des Hallam, des Thierry, des Monteil, des Guizot, il pense que celui qui veut faire de l'histoire une philosophie, doit puiser cette philosophie dans l'explication du plus grand fait qui ait jamais influé sur les destinées du monde moderne. Au point de vue chrétien, une philosophie de l'histoire doit s'appuyer sur le principe du christianisme ; nous ajouterons qu'au point de vue simplement moral, la conclusion serait encore la même, et il n'y a que des hommes prévenus, des écrivains sans équité, qui puissent aujourd'hui persister à s'armer contre cette vérité.

Aussi, l'impartialité, la hauteur des vues, ces qualités que nous aimons à louer quand nous les rencontrons dans un historien, se font-elles remarquer fréquemment chez M. Roux-Ferrand ; aussi, témoignent-elles du culte que cet écrivain rend à l'histoire et à la civilisation dont il raconte les destinées, car c'est encore un progrès de cette civilisation, que d'avoir élevé la science au-dessus des préjugés populaires, et d'avoir fait sortir l'histoire de la catégorie des critiques mesquines et malveillantes. Telle n'est pas sa mission au XIXe siècle, et M. Roux-Ferrand se

montre le continuateur intelligent des écrivains dont il in-
voque si souvent l'autorité.

II.

Après avoir passé successivement en revue les diverses
formes de gouvernement dans les premiers temps de l'ère
chrétienne, les mœurs des différents peuples chrétiens et
barbares, leurs coutumes, leur degré de culture, leurs
lois, leur droit politique, M. Roux-Ferrand arrive à la
philosophie et aux lettres ; la 23ᵉ leçon leur est consacrée.
Cette leçon nous expose les premiers siècles de l'Église, où
la barbarie perçait encore; elle nous montre l'état de la
philosophie dans ce mélange de christianisme et des débris
des doctrines antiques, qui la caractérisait alors et qui
composait une sorte de système mixte et imparfait, un
état de pénible transition. Nous faisons connaissance avec
les premiers essais de la philosophie chrétienne, où nous
voyons Aristote contre-balancer l'autorité des Pères de
l'Église, et son nom, semblable à un écho longuement
prolongé, se transmettre au sein du mysticisme chrétien
jusqu'aux chaires des scolastiques du moyen-âge. A la
philosophie succède le tableau de l'histoire, l'état de l'é-
ducation publique et privée. Enfin la 24ᵉ leçon, consacrée
aux progrès des beaux-arts, en présente les développements successifs, jusqu'à ce que de véritables améliora-
tions se soient formées dans des temps plus rapprochés de
nous. Empruntons ici à l'auteur les dernières pages de son
second volume, dans lesquelles il en reproduit tout l'esprit
par les réflexions suivantes :

« Y a-t-il eu progrès ou décadence dans la période de huit siècles que nous avons parcourue? L'ignorance, l'immoralité et la férocité la plus brutale y ont sans doute tenu la première place ; mais cependant, au milieu même de ces quatre derniers siècles, époque la plus sèche, la plus rebutante pour l'historien des faits, comme pour l'historien moraliste, l'esprit humain a-t-il réellement rétrogradé? Oui, sans doute, si on ne considère que des faits isolés et sans lien, sans suite éternelle ; car la civilisation ne décrit point une ligne droite et continue : la civilisation chrétienne est, suivant l'expression pittoresque d'un grand écrivain, semblable à un navire sorti majestueusement du port, qui, surpris par la tempête, combat contre les vagues, revient sur sa trace, repart avec la vitesse de l'aigle, retourne, repoussé par des vents contraires, gagne cependant par l'habileté de son pilote quelques pas sur la nature, et profite avec ardeur du hasard heureux que lui amènent des vents favorables pour tendre au but de son voyage.

« Cette marche, dont un homme ne voit qu'un point, paraît à cet homme rétrograde et pleine d'écueils entre lesquels doit se briser le vaisseau ; mais qu'est-ce que la vie d'un homme? Qu'est-ce que la période de huit siècles dans la vie de l'humanité? Plaçons-nous plus haut, voyons l'ensemble ; alors disparaissent des détails, alors le mal s'efface à nos yeux dessillés, et le bien seul s'attache à l'humanité pour ne jamais l'abandonner. Tout ce qui est réellement important et grave tend au même but : le bien moral, la civilisation universelle. Cette invasion des Barbares fut sans doute un affreux malheur pour les générations qui la virent, comme les règnes de Tibère et de Néron le furent pour ceux qui vécurent au deuxième siècle ; mais le règne des tyrans, en faisant haïr la tyrannie, n'amène-t-il pas la liberté? Mais l'invasion, les excès et les désordres de la liberté n'appellent-ils pas l'ordre et le repos? Et de ces expériences, trop multipliées sans doute, trop funestes à ceux qui en sont victimes, ne sort-il pas une vérité morale toujours plus forte et plus puissante?

« De cette invasion abrutissante en apparence, n'est-il pas ressorti même de nouvelles lumières? Le mélange des hommes du Midi et des hommes du Nord n'a-t-il pas produit énergie chez les uns, politesse chez les autres, et cette variété qui fit échapper l'Europe à l'immobilité de l'Asie? La bassesse invétérée des sujets de l'Empire s'est retrempée et régénérée avec la liberté des peuples nomades ; la férocité brutale des nomades s'est adoucie et policée avec la civilisation des peuples du Midi. Les vices des nations amollies, souillées par une civilisation fausse, se sont évanouis devant l'austérité des mœurs germaines, et il n'y a, pour en être convaincu, qu'à ouvrir les annales romaines et les codes barbares. Ces derniers ont ramené la pudeur, depuis si longtemps oubliée des Romains, comme le christianisme a amené la charité jusqu'alors inconnue.

« Tout a bouillonné, fomenté confusément pendant des siècles ; mais de cette tourmente est sortie une civilisation neuve, incomparablement plus riche, plus féconde, plus remplie de cette sève qui anime et vivifie tout.

« Les lettres, il est vrai, ont été dédaignées au milieu de la tourmente ; mais le clergé les a bientôt replacées sur le trône avec l'amour de l'étude ; et du choc, du frottement du génie scandinave et germain, du génie païen, du génie oriental, du génie chrétien, est sortie une littérature vierge, créatrice, à laquelle ne fût jamais parvenu le matérialisme élégant de la Grèce et de Rome ; elle est sortie surtout d'une religion spiritualiste, comme en sont sortis aussi la foi, le devoir et la volonté du dévouement.

« La corruption la plus hideuse menaçait de tout envahir : tout a été régénéré. Ces résultats ne sont-ils pas assez beaux ? Pourquoi nous arrêter à l'écorce ? Pénétrons jusqu'à la moelle de l'arbre ! Pourquoi scruter les détails, puisque l'ensemble est si admirable ? L'accomplissement des desseins de la Providence veut des siècles : voyons-la dans le cours des siècles ; ne mesurons pas le colosse dans une de ses parties, car elle nous paraîtra monstrueuse et difforme ; oublions enfin notre chétif individu et ses petites proportions, pour attacher nos regards sur l'humanité tout entière : alors nous verrons bien. » (2ᵉ volume, pages 305-308.)

Il nous semble que c'est bien là le ton de l'histoire : grave et néanmoins animé, orné de réflexions courtes, substantielles et solides, résumant les faits dans leur ensemble pour en faire ressortir la moralité.

Dans le 3ᵉ volume, M. Roux-Ferrand consacre les quatre premiers chapitres à nous présenter les événements qui ont occupé l'Europe du viiiᵉ au xiᵉ siècle. Mahomet paraît ; l'Église se fortifie en Italie ; nous passons ensuite en revue l'état des mœurs en Europe ; Alfred et Charlemagne nous apparaissent comme deux génies supérieurs, deux flambeaux qui ont éclairé le monde de la barbarie ; nous suivons encore les travaux des conciles et les développements de la puissance temporelle des papes ; la dernière partie est consacrée aux lettres et à la philosophie. Nous devons louer les excellentes recherches rassemblées dans les notes et pièces justificatives; ces notes, heureusement choisies, sont, pour la plupart, puisées dans les meilleurs écrits des historiens anciens et modernes sur toutes les parties du sujet qui nous occupe. Nous aurions pourtant aimé à voir une plus grande variété d'extraits de nos chroniques substitués aux opinions de nos académiciens et de nos professeurs. Nous croyons aussi que le tableau présenté par M. Roux-Ferrand, de la première époque de la philosophie scolastique en France depuis le ixe siècle, est insuffisant par sa brièveté. Ce temps est d'autant plus précieux à connaître que la philosophie d'alors est le véritable berceau de la philosophie française et européenne; que l'Université de Paris prit naissance sous Charlemagne, et que l'influence de ce prince civilisateur rejaillit sur le monde entier. Il ne fallait donc pas craindre de s'étendre quelque peu sur un pareil sujet; M. Roux-Ferrand sait que les ouvrages nous manquent, et tout sera neuf sur une partie encore imparfaitement éclaircie de notre histoire de France.

L'histoire de la philosophie se continue encore au 4e volume, qui nous conduit jusqu'au xive siècle. Nous voudrions pouvoir entrer plus en détail dans l'esprit et l'exécution de cette partie du livre. L'histoire d'Abeilard, si connue et toujours si attachante, y est présentée avec charme et simplicité, telle que doit être un épisode de notre moyen-âge, qui semble presque un roman. M. Roux-Ferrand a senti le rôle de la philosophie au sein du xiie et du xiiie siècle; il a montré le commencement de cette fameuse querelle du Nominalisme et du Réalisme, si célèbre et dont l'influence n'a pas été assez clairement expliquée par la plupart des historiens. L'auteur s'arrête devant la littérature italienne du **Dante**, de **Pétrarque**, de **Boccace**. Il fait ressortir l'espèce d'éducation donnée à l'Europe par ces nobles et beaux génies, qui firent revivre les grands siècles de l'antiquité ; il résume toute cette partie de son travail par un coup d'œil général sur l'état politique et social, et sur le bien-être matériel de la société dans la période à laquelle vient aboutir cette histoire.

Tel est, en masse, l'ouvrage de **M. Roux-Ferrand**. Nous ne dissimulerons pas non plus les négligences de style assez nombreuses dans le premier volume, et dont nous attribuons la cause à l'improvisation qui aura servi à la rédaction de cette partie du travail. Dans les volumes suivants, l'auteur a semblé s'attacher davantage à la netteté de l'expression, sans toutefois y sacrifier le fond des choses ; ce qu'il y a de remarquable et d'honorable pour l'auteur, c'est que l'esprit même qui préside à l'exécution de son travail semble s'agrandir à mesure qu'il avance dans l'ordre des temps. Lors de ses débuts, M. Roux-Ferrand ne nous semblait pas juger le christianisme avec cette haute impartialité, cette gravité qui convient à l'historien ; aujourd'hui, il semble avoir médité avec plus de fruit sur le sens de cette grande et divine institution. Ainsi on peut juger que l'Histoire des progrès de la civilisation est une de ces œuvres indépendantes de l'esprit du moment, une de ces œuvres qui se poursuivent dans le silence du cabinet, face à face avec l'histoire elle-même, bien dégagée des hommes, des spéculations et des journaux, et attendant la justice lente, mais sûre, du public éclairé.

III.

Après avoir fait connaître l'esprit général de l'ouvrage de M. Roux-Ferrand et en avoir signalé les principaux défauts dans ce qu'ils ont d'essentiel, nous allons, avant de poursuivre notre examen, revenir sur quelques parties de la critique que nous avons à adresser à l'auteur ; nous reprendrons ensuite le fil des événements, ou du moins nous essaierons de le suivre dans son récit.

M. Roux-Ferrand a un sentiment très élevé des devoirs de l'historien ; mais l'amour de l'histoire l'a entraîné au-delà des justes bornes, quand il a voulu embrasser, dans un espace de six volumes, les progrès de la civilisation en Europe. Le double ne suffirait pas pour développer, d'une manière féconde, une pensée aussi grande et que le travail d'une vie tout entière parviendrait à peine à rendre complète. Il nous semble que, vu l'impossibilité de tout dire dans un cadre aussi vaste, il aurait mieux valu peindre à grands traits chaque époque, que de vouloir alternativement passer, comme nous le voyons dans ce cinquième volume, du Nord au Midi, de la France aux autres pays de l'Europe, de la science à la politique et à la religion. En voulant ainsi créer à la fois un drame et un tableau, l'auteur a troublé l'unité qui eût été la vie de son livre, et s'est condamné à une variété qui va jusqu'à la confusion. Tel est le reproche le mieux fondé que nous ayons à lui adresser ; et c'est le plus grave, les autres étant suffisamment effacés par les mérites très réels du livre. Nous savons que le plan une fois tracé, l'auteur ne peut plus y revenir, ni recommencer à produire ce que l'imagination conçoit du premier coup; mais l'historien doit, avant tout, mesurer exactement le champ qu'il se propose de parcourir, et choisir les moyens les plus propres à lui obtenir le succès.

Les chapitres I à X sont consacrés au récit des événements remarquables en Europe pendant le XVᵉ et le XVIᵉ siècle. Nulle époque, peut-être, n'est plus féconde dans l'histoire moderne, que celle qui vit à la fois la réforme et la renaissance des arts et des lettres, Luther, Calvin, Charles-Quint et Léon X. Après s'être occupé des faits politiques, l'auteur passe aux faits religieux. Il expose l'état de l'Église pendant le grand schisme d'Occident, et arrive enfin au temps de la réforme et à son célèbre organisateur. Il est fâcheux que le cadre de cette histoire ne nous permette d'apercevoir que de profil, pour ainsi dire, cette figure extraordinaire qui n'est bien connue que depuis les travaux des modernes. Jusqu'ici, un zèle mal entendu pour la religion avait empêché d'apprécier les talents du réformateur, tandis qu'ailleurs un faux enthousiasme en avait grandi la stature au-delà du juste. Luther n'est point un homme à reléguer au second plan de l'histoire; quoi qu'il puisse être, une place immense lui est réservée : les talents de l'orateur et du controversiste ne peuvent lui être refusés; supérieur, pour le génie, à Zwingle, à Mélanchton, surtout au sombre et fanatique Calvin, Luther rêvait l'émancipation de la pensée humaine, et un pareil homme ne peut pas complétement démériter de l'humanité.

Dans le VIᵉ et le VIIᵉ chapitre, les vicissitudes aux-

2

quelles fut soumise l'Église catholique ont occupé **M. Roux-Ferrand**. Il passe en revue les travaux des conciles les plus remarquables ; il raconte l'origine de l'ordre, à jamais célèbre, des Jésuites, qui s'organisa vers 1540, sous la direction d'un guerrier enthousiaste et par la protection du pape Paul III. Nous assistons ensuite à la fondation du redoutable tribunal de l'Inquisition, dont le but avait été la défense des intérêts de la religion, mais dont le résultat fut la persécution de tant de malheureuses victimes sacrifiées au fanatisme. Il était difficile de traiter avec réserve un pareil sujet, si propre à donner l'essor aux élans d'une sensibilité trop ardente et à renouveler d'anciennes diatribes qui n'appartiennent plus à la dignité de l'histoire ; l'auteur l'a fait avec convenance, il a jugé, comme doit juger l'écrivain qui travaille pour l'avenir, avec calme et sévérité tout à la fois. Il a résumé avec assez de rapidité les caractères dominants de l'histoire ecclésiastique au XVIᵉ siècle.— Il montre les efforts de Grégoire VII pour ramener l'unité au sein de l'Église, pour concentrer toute l'influence dans le pouvoir spirituel ; il montre ses successeurs entraînés bientôt par l'ambition, aspirant à un agrandissement illimité de leur autorité politique. L'administration ecclésiastique une fois dans la voie de l'ambition et des conquêtes, il fallut satisfaire à ces besoins nouveaux, créés par des passions nouvelles : l'argent devint nécessaire, la simonie corrompit le clergé et y introduisit le désordre ; aux scandales d'Alexandre, à l'ardeur belliqueuse de Jules, succédèrent les élégants plaisirs de la cour de Léon X. Les goûts de Léon X n'avaient rien de précisément dangereux, mais ils entraînèrent le catholicisme dans une voie contraire à la sévérité des mœurs de la primitive Église, et ce fut assez pour motiver une réaction puissante[1]. La magnificence de la cour de Rome avait choqué le jeune Luther, lorsque dans ses premières années il était venu visiter la capitale du monde chrétien. La cour des Médicis avait rétabli, avec le goût de l'antiquité, la philosophie platonicienne ; mais cette douce et pure philosophie ne sut pas conserver son influence dans Rome. Elle fut balancée et combattue par l'envahissement de l'examen, né de la vulgarisation des divines Écritures, et du besoin de scruter les plus grands problèmes de la théologie, répandu chez les esprits sérieux. Ce besoin était devenu tellement puissant que, parti des classes supérieures de la société, il pénétrait jusqu'aux dernières, et tous, depuis l'écolier jusqu'au professeur, depuis l'artisan jusqu'au prince, méditaient sur le libre arbitre et la grâce, et touchaient hardiment aux questions les plus ardues, que Platon n'avait entrevues qu'à travers un voile, et qu'après lui le génie des Pères de l'Eglise ne remuait pas sans effroi[2]. Comment, avec de pareils éléments, n'aurait-il pas existé de danger pour l'Église? Cependant tout péril ne venait pas de ce côté, et il faut voir une nouvelle source de trouble dans l'influence de la politique de l'Église, depuis longtemps en dissidence avec celle des empereurs d'Allemagne, et dans les intrigues de ceux-ci, qui croyaient apercevoir dans la réforme un moyen d'arrêter ou de contenir la papauté. La puissance de Rome politique et religieuse fut mise à une grande épreuve, lorsqu'elle vit la plupart des pays du Nord se séparer d'elle ;

(1) Tome V, page 201.
(2) *Histoire des Progrès*, tome V, chap. VII.

et peut-être le protestantisme eût-il aussi envahi la France, sans la prévoyance administrative et diplomatique, et surtout sans l'abjuration d'Henri IV. — Ces considérations, que nous resserrons si brièvement, aident à bien juger d'une époque présentée sous autant d'aspects différents qu'il y a d'historiens. C'est qu'il est difficile de rester impassible au milieu de tant d'événements qui remuent des passions si diverses, et rien n'offre plus ample matière à l'écrivain que ce grand fait qui occupe tout le xvie siècle et qui a changé la face de tous les États européens.

Il est fâcheux que la nature du plan adopté par M. Roux-Ferrand ne lui ait pas permis de donner plus de développements à ce grand chapitre de l'histoire moderne. Néanmoins ceux qu'il nous présente peuvent encore guider utilement le lecteur désireux de s'instruire ailleurs, et les notes dont ils sont accompagnés offrent un moyen de recherches plus approfondies.

Après avoir consacré quelques pages anecdotiques et entraînantes par le charme et la naïveté des récits, à la peinture des mœurs du xve et du xvie siècle, M. Roux-Ferrand donne une part à l'établissement des Universités, à cette époque que nous avons coutume d'appeler la Renaissance, à cause du long sommeil où la barbarie avait plongé l'Europe depuis le ixe et le xe siècle. Nous voyons, en effet, reparaître alors un essaim d'intelligences brillantes, qui, pareilles à des astres, viennent éclairer le rajeunissement de l'ère moderne et lui assignent une place glorieuse dans nos souvenirs. Au milieu de toutes ces nations qui semblaient animées d'un commun désir de savoir et d'instruire le monde, l'Italie, l'Écosse, l'Allemagne, l'Espagne et la France rivalisent d'ardeur. C'est une singulière destinée, remarquons-le en passant, que celle de certains peuples qui semblent à de longs intervalles être appelés à briller dans les fastes de la civilisation, puis à s'éteindre pour reparaître ensuite. Ainsi l'Ecosse a offert au monde des savants du premier ordre, dans un temps où la science s'éteignait partout, au ix⁰ siècle, par exemple; puis elle est rentrée dans l'obscurité au milieu du moyen-âge. L'Espagne, de même, a donné à l'Europe les premières universités; elle s'est éclipsée ensuite après la découverte de l'Amérique, pour se laisser corrompre par les richesses du Nouveau-Monde. L'Italie a offert, à différents siècles, le spectacle alternatif de beaucoup de culture et d'une profonde ignorance. Il semble que de pareilles lacunes soient placées par intervalles pour arrêter l'essor trop grand de l'esprit humain, dont les destinées ne sont sans doute pas de dépasser certaines limites. Car où serait, en effet, la borne à nos puissants efforts, et toujours incessants, s'il nous était donné de ne point perdre la trace des découvertes faites avant nous, tout en étendant les nôtres[1]? Nous livrons ces réflexions à ceux qui aiment à approfondir le côté vraiment philosophique de l'histoire.

Les Universités commencent au xiv⁰ siècle; le xv⁰ et le xvi⁰ siècle continuent ces utiles établissements; les Académies de Florence, de Padoue, de Parme, de Venise s'élèvent; la bibliothèque du Vatican, fondée par Nicolas V, s'agrandit sous Léon X[2]; la bibliothèque Ambroisienne est fondée par saint Charles Boromée, archevêque de Mi-

---

(1) Tome V, page 269.

(2) Chap. X, page 270.

lan ; la philosophie reprend faveur ; le règne de la scolastique s'achève, ébranlé sous les attaques de Bacon et de Descartes ; deux systèmes résument alors la philosophie qui succède à la scolastique : Aristote et Platon, ces deux grands interprètes de l'antiquité, avaient surnagé au milieu des débris, et avaient fait à eux seuls le fond de tout l'enseignement du moyen-âge ; une guerre s'était organisée dans les écoles entre les disciples du Lycée et ceux de l'Académie. Cette guerre avait duré plus d'un siècle, pendant lequel leur véritable pensée avait souvent disparu sous les commentaires ; mais du moins l'étude de ces maîtres avait sauvé l'esprit humain d'une chute complète, en lui transmettant ce que l'antiquité avait de plus pur et de plus précieux. La place réservée par M. Roux-Ferrand à l'examen de cette lutte entre la philosophie nouvelle et l'ancienne philosophie est beaucoup trop étroite, suivant nous ; mais ce défaut est inhérent à l'essence même du sujet. Celle qu'il donne à la culture intellectuelle, la fin de ce volume dans les chapitres onzième et douzième, nous peint l'état des lettres et celui des inventions et des découvertes ; ces deux chapitres renferment, sous la forme d'une narration rapide, un inventaire des richesses dont le génie des hommes les plus utiles à l'humanité a doté l'Europe pendant ces deux siècles. Le théâtre naît, Shakespeare paraît en Angleterre ; en Allemagne, la langue s'organise, et il faut, pour être juste, en rapporter l'honneur à Luther, dont la traduction des Saintes-Ecritures a beaucoup contribué à en fixer le caractère.

I V.

Le sixième et dernier volume débute avec Henri IV. Ce régne important ouvre pour la France le commencement du xviie siècle, qui avec le xviiie termine l'intéressant travail que nous essayons d'analyser. La première moitié de ce volume qui nous reste à parcourir est consacrée aux événements politiques, la seconde à décrire le progrès des mœurs et des lumières, et les efforts de la civilisation dans les différentes nations de l'Europe jusqu'à l'époque où nous sommes parvenus.

Le xviie et le xviiie siècle de la France nous sont présentés, dans le premier chapitre, sous une forme rapide, mais qui suffit pour aider la mémoire du lecteur à retenir ces importants événements. Nous ne nous y arrêterons point, non plus que sur les faits si connus de l'histoire d'Angleterre, Cromwell, la République, et les deux révolutions de 1649 et de 1688. Ces révolutions sont familières à tous les lecteurs et sont exposées ici avec une brièveté commandée par le cadre que s'était tracé l'auteur. Nous appuierons un peu davantage sur l'histoire de l'Eglise et de la papauté, parce qu'il se passa alors, dans le sein de la chrétienté, des événements qui changèrent en partie la face des affaires ecclésiastiques.

Au xviie siècle, la lutte contre la réformation avait continué, mais en continuant elle avait amené des résultats bienfaisants. La réformation, en s'attaquant aux mœurs du clergé, avait forcé l'Eglise à une plus grande surveillance ; les couvents, au milieu desquels des désordres s'étaient glissés, se réorganisèrent et joignirent la piété à un savoir solide. Les Dominicains, les Franciscains donnèrent une sévérité nouvelle à leurs constitutions ; sainte Thérèse régularisa les Carmélites, en leur imposant une clôture plus rigoureuse ; elle leur ordonna le travail, qui anime et fortifie la dévotion ; saint François de Sales fonda l'ordre de la Visitation, spécialement destiné aux femmes que la faiblesse de leur santé empêchait d'entrer dans des congrégations plus austères. Il confia à ces religieux le soin de visiter les malades, et son ordre répandit en France les plus salutaires bienfaits. Pendant ce temps les Bénédictins donnèrent l'essor à de nouveaux travaux, et, réunis aux religieux de la congrégation de Saint-Maur, ils se vouèrent aux études ecclésiastiques et aux recherches de l'érudition [1]. C'est aussi vers le milieu du XVII° siècle que nous rencontrons la vénérable figure de saint Vincent de Paule. Au milieu des vicissitudes que nous offrent l'Eglise et la politique, il brille d'une gloire immortelle et se détache de la multitude des célébrités auxquelles l'histoire doit un souvenir ; à lui, c'est l'humanité tout entière qui lui accorde une place au-dessus des plus grands génies, celle d'un homme qu'elle chérit et bénit tous les jours. — Le XVII° siècle voit aussi vers sa fin un fait qui, minutieux en apparence, se recommande à l'attention par la gravité de quelques-uns de ses résultats. La dispute des Jansénistes et des Jésuites au sujet de la grâce survivra aux autres controverses théologiques, car elle nous a donné les solitaires de Port-Royal et leurs écrivains les plus distingués. Les Jésuites avaient depuis longtemps excité un mécontent-

(1) Tome VI, chap. IV.

tement général, au milieu de l'Eglise, par leur envie de
dominer ; on attaqua leurs vues théologiques, et, comme
de tout temps les doctrines morales se sont liées aux idées
dogmatiques, on les combattit sur deux points qui exci-
taient alors la plus vive discussion : c'étaient le libre arbitre et la grâce. Sur cette double question surgit la con-
tradiction la plus violente qu'ils eussent encore éprouvée.
C'est à cette époque que parut Jansénius ou Janssen, évêque hollandais. Préoccupé de ses controverses, il se mit a
étudier les ouvrages de saint Augustin pour y découvrir
son opinion. Il crut y rencontrer des principes diamétrale-
ment opposés à ceux des Jésuites. Voulant s'appuyer sur
des témoignages plus sûrs, il avait fait une etude très
approfondie des écrits de l'évêque d'Hippone. Sa patience,
dans cette longue dispute théologique, a de quoi nous
étonner : il lut dix fois tous les ouvrages de saint Augustin, et trente fois ses traités contre les Pélagiens. Des mil-
liers de volumes furent écrits à cette occasion, sans autre
résultat qu'une irritation des deux partis. Un seul ouvrage
a survécu, c'est le chef-d'œuvre de la prose du xviie siècle,
les *Provinciales*, spirituelle raillerie contre les Jésuites ,
qui leur fit plus de mal que n'en causèrent à leurs adver-
saires les bulles obtenues du saint-siége contre eux. Mais
les suites de ce débat devaient encore occuper la fin du
xviiie siècle. La bulle Unigenitus, rendue par Clément XI
en 1713[1], donna un nouvel espoir aux Jésuites. Be-

(1) La bulle Unigenitus fut rendue contre cent et une propositions ex-
traites d'un livre du père Quesnel, intitulé : *Réflexions morales sur le
Nouveau-Testament.* En 1699, les Jésuites, alors tout-puissants, se dé-
chaînèrent contre cet ouvrage publié depuis vingt ans, sous prétexte qu'il

noît XIV un instant leur fit craindre que la papauté ne se tournât contre eux ; mais l'avénement de Clément XIII leur fut favorable. Ce pontife soutint les Jésuites, toutefois il ne put parvenir à les sauver. Ils furent exilés du Portugal à la suite d'événements politiques. En France , détestés du parlement , ils luttèrent jusqu'au dernier moment ; leur chef Ricci, pressé de souscrire à quelques modifications dans sa règle, répondit : « *Sint ut sunt, aut non sint.* » Dès lors leur destruction fut décidée, et le parlement prononça, le 6 août 1762, l'abolition des Jésuites en France. Nous rappelons ici sommairement, d'après les éléments mêmes que nous fournit M. Roux-Ferrand, cette curieuse querelle qui, partie de la théologie, aboutit à la politique, et contribua à beaucoup d'événements sur lesquels elle ne semblait pouvoir exercer aucune influence. Notre auteur a présenté d'une manière intéressante les derniers débats au sujet des Jésuites, dans son cinquième chapitre. Le portrait qu'il fait de cette célèbre société est

renfermait des erreurs du même genre que celles de Jansénius dans son commentaire sur saint Augustin. Le père Le Tellier, confesseur du roi, n'eut point de repos qu'il ne se fût assuré de la condamnation du père Quesnel. Le monarque l'exigea et l'obtint du pape Clément XI, en 1713. Amelot , ambassadeur de France à Rome , et chargé de solliciter cette condamnation, demandait au pape, après l'avoir obtenue, pourquoi elle portait précisément sur cent et une propositions. « Que vouliez-vous que je fisse? lui répondit le pontife en soupirant. Le père Le Tellier avait dit au roi qu'il y avait dans ce livre plus de cent propositions censurables ; il n'a pas voulu passer pour menteur ; on m'a tenu le pied sur la gorge pour en mettre plus de cent, je n'en ai mis qu'une de plus. » Madame de Maintenon avait provoqué la bulle avec zèle ; le cardinal de Noailles et un petit nombre d'évêques eurent le courage de s'y opposer.

(LACRETELLE, *Histoire de France au dix-huitième siècle.*)

écrit avec goût, et porte l'empreinte de la bonne foi et de la plus sévère impartialité.

Si des faits politiques et ecclésiastiques, nous passons aux mœurs, les chapitres VII et VIII nous offrent des détails curieux. Rien de plus attachant, dans l'étude de l'histoire, que cette continuelle transformation des coutumes et des habitudes de chaque peuple. Pour ne parler que de la France, quelle métamorphose depuis François Ier jusqu'à Louis XV ! La chevalerie a entièrement disparu, le roman immortel de Cervantès lui a porté le dernier coup ; mais le règne de Henri IV ramène encore un reste de galanterie, compagne presque inséparable de l'héroïsme et de la bravoure. Sous Louis XIII, la galanterie subsiste seule avec une teinte sentimentale, due au caractère du monarque lui-même. Sous Louis XIV, le sentiment, un moment oublié au milieu des alarmes de la Fronde, prend quelque chose de plus grave : l'amour s'élève jusqu'au majestueux. Aussi la grandeur, la magnificence furent-elles la marque distinctive de ce règne : l'éclat des fêtes se répandait dans toute l'Europe ; Versailles était le centre de toutes ces brillantes féeries qui forçaient les peuples et les ambassadeurs étrangers à s'incliner devant le grand roi. La description que nous donne notre auteur des habitudes de la cour, d'après Saint-Simon, forme un épisode plein de charme et d'intérêt : nous assistons au lever et au coucher du roi ; nous le suivons dans le détail d'une de ses journées ; nous applaudissons au grand spectacle de la France, jusqu'à ce que les règnes suivants la fassent entrer dans une ère moins glorieuse et suivie de terribles réactions.

C'est à la fin du xviiie siècle que M. Roux-Ferrand s'est arrêté ; il est resté sur le seuil de la révolution avec une prudence que nous ne saurions trop louer. Ces événements, qui ont ébranlé l'Europe, sont encore bien près de nous pour pouvoir être appréciés avec calme. Notre auteur les renvoie à un autre ouvrage qui fera suite à celui-ci , et il est à désirer que cette entreprise, non moins intéressante que la première, vienne couronner son œuvre.

Cette revue de l'état de l'Europe pendant le xviie et le xviiie siècle se continue et se termine par une esquisse rapide de l'état de la philosophie et des sciences métaphysiques et morales, de la politique, de l'économie politique, de la littérature enfin, qui suit toujours la marche de l'esprit humain et ne se sépare jamais des révolutions dont elle est l'interprète dans le champ de la pensée. Le tableau que l'écrivain a consacré à cette partie de l'histoire moderne est un peu court à notre avis, mais il contient des notions encore assez étendues pour guider le lecteur et lui offrir le moyen de compléter l'instruction qui lui manque, en remplissant le cadre préparé pour lui.

Tel est, en abrégé, l'ouvrage important que nous avons entrepris d'analyser ; il est , par sa forme, très propre à faire naître et à entretenir le goût de l'histoire chez ceux qui aiment à trouver moins une étude profonde qu'un aliment à leurs réflexions. Il n'y a pas, dans l'histoire des progrès de la civilisation, de vues neuves et originales, rien de ce coup d'œil supérieur qui dénote le philosophe et le penseur. Il n'y a aucune pensée systématique ni d'ensemble ; mais il y a une honnêteté et une bonne foi qui manquent à des ouvrages supérieurs pour la hardiesse de la conception. Qu'importe, après tout? et n'a-t-on pas de nos jours étrangement abusé de la philosophie ? Bien souvent ces prétendus philosophes ont-ils fait autre chose que de dénaturer l'histoire sous prétexte de la poétiser, de l'idéaliser ? Les systèmes historiques ont égaré un bien grand nombre de jeunes intelligences, qui, avant d'avoir terminé leur éducation, voulaient tirer des synthèses toutes faites des révolutions politiques dont ils n'avaient point encore étudié le sens ni compris la portée. Permis à ceux qui ont longuement médité avec Bacon, Leibnitz, Grotius, Montesquieu, de philosopher sur l'histoire ; mais, en attendant ceux qui se livrent à ces études consciencieuses, rendons grâces aux aperçus rapides, aux tableaux fidèles qui abrègent le temps des écoliers et utilisent les loisirs des hommes du monde. Les uns et les autres trouveront un aliment substantiel à leurs efforts dans l'ouvrage dont nous venons de les entretenir.

Nous devons, en terminant, adresser quelques observations à notre auteur. Trop souvent il s'appuie sur des sources contemporaines, très respectables sans doute, mais pas assez authentiques. Les historiens qu'il cite dans ses notes sont le plus souvent du dernier siècle, ou du moins très récents. Nous eussions souhaité tenir nos renseignements de plus haut ; cette ligne indirecte par laquelle nous arrive la vérité pourrait en altérer l'effet aux yeux de lecteurs difficiles à satisfaire. Quelquefois aussi nous trouvons des jugements un peu hasardés et qui prouvent que l'écrivain a plus consulté les idées d'autrui que les siennes propres. La manière dont il a jugé La Bruyère nous paraît s'éloigner de la vérité et ne nous semble pas rendre assez de justice au plus profond de nos moralistes et à un des meilleurs écrivains de notre langue [1].

(1) Tome VI, chap. IX.

Les deux derniers chapitres, le onzième et le douzième,
sont curieux et intéressants : ils exposent rapidement la
marche des arts industriels, de l'économie politique et de
l'industrie ; on y trouvera intérêt et instruction. En un
mot, cet ouvrage terminé annonce chez **M. Roux-Ferrand**
une grande partie des qualités d'un véritable historien : il
y a chez lui de la persévérance, de l'exactitude, du style.
Nous l'attendons dans un nouvel ouvrage où il pourra ac-
quérir ce qui lui manque peut-être ; l'éducation qu'il a dû
recevoir de celui-ci lui sera sans doute d'un puissant se-
cours et lui fournira les éléments nouveaux d'un légitime
succès.